Début d'une série de documents
en couleur

L'ANCIEN COLLÉGE

DE VESOUL

(1576-1796)

D'APRÈS LES DOCUMENTS ORIGINAUX

par

M. LÉONCE LEX

Ancien Élève de l'École des Chartes
Archiviste du département de la Haute-Saône

VESOUL

TYPOGRAPHIE DE L. CIVAL FILS

—

1885

Fin d'une série de documents
en couleur

SCEAU DU COLLÈGE DES JÉSUITES

Légende : Sigil. Rect. Colleg. Vesulani. Soc. Jesu.

Armoiries : D'azur à un nom de Jésus d'or, soutenu de trois clous de la Passion affrontés de même, le tout enfermé dans un cercle rayonnant d'or. (Armorial général, département de Besançon, Reg. 1, nº 12.)

SCEAU DE L'ÉCOLE CENTRALE

Légende : Ecole centrale de la Haute-Saône.

Champ : La République debout, tenant d'une main le faisceau, de l'autre, la lance coiffée du bonnet phrygien.

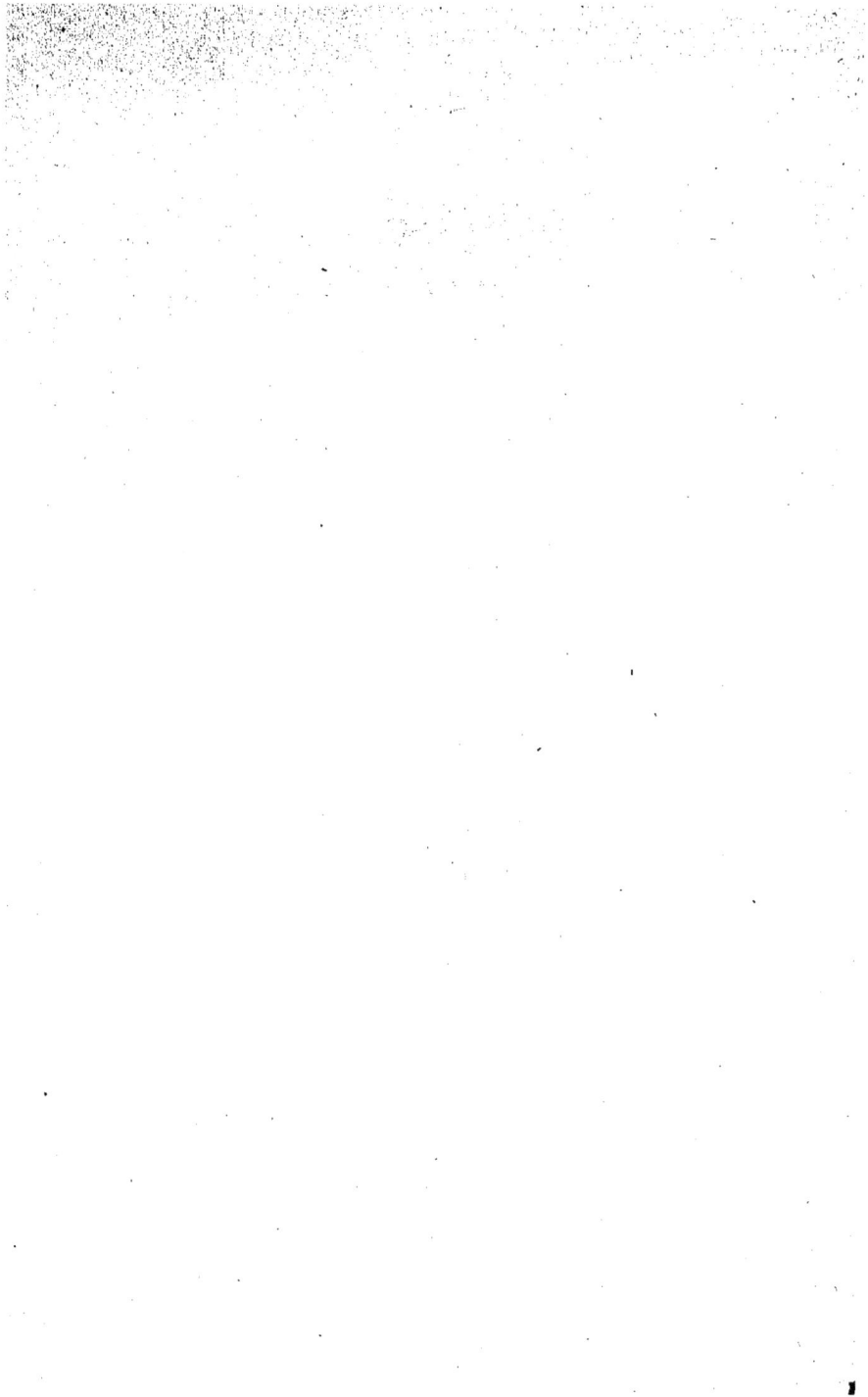

L'ANCIEN COLLÈGE DE VESOUL (1576-1796)

C'est à la fin du XVIe siècle que l'on trouve les premières traces d'un collège coexistant avec les écoles de Vesoul. Celles-ci furent installées, en 1576, dans un établissement nouvellement acquis par la municipalité et l'ancien bâtiment devint le collège.

Il fut sans doute l'objet d'un agrandissement en 1583, car le 3 mai de cette année, la ville acheta « une cuisine et ung poille » faisant partie de la maison de Jean Robardey « sise prouche le collège (1). »

Le premier « chief et administrateur principal des escoles de ce collège » dont nous ayons pu rencontrer le nom fut Jacques Nauldot, docteur en théologie. « Messire André Berson, docteur ès drois, parisien, » lui succéda en 1585. Le curieux traité qui fut, à cette occasion, signé entre le maire, les échevins et lui, nous a été conservé et nous avons jugé intéressant d'en reproduire les dispositions principales, que voici :

« Premier, que instruyra et fera instruyre et enseigner par ses regens et subalternes les enfans quelconques que seront soubz sa férule et charge audit collège, en la craincte de Dieu, observance de ses commandemens et de ceulx de notre mère Saincte Eglise apostolique romainne....

« Item qu'il ne fera, moings permettra faire par lesdits regentz ou aultres, lecture audit collège d'aulcungs livres prohibez...

« Aura et entretiendra à ses frais ledit sieur Berson des regentz et subalternes en sufisant nombre.....

« Sera tenu chacun dimenche... faire amplir déans le matin l'ung des eaubenoistiers de pierre de l'église pour faire la bénédiction...

« Item de faire nettoyer la moitié du pavé de ladite église.... l'aultre moitié demeurant à la charge du mareglier...

« Item fera enseigner lesdits escholiers à lire et escrire par exemples de quelque de ses regentz ou escoliers ayans bonne main...

(1) Archives municipales, série GG.

« ... Et moyennant ce que dessus, led. Sr. Berson aura et luy sera payé annuellement la somme de huict vingt francs monnoye coursable en Bourgoingne...

« Aura icelui sieur Berson la maison dud. collège, le jardin derrier, aysance et appartenance d'iceulx avec ce qu'a esté acquis de Mr Jehan Robardey...

« Aura et pourra prendre et exiger ledit sieur Berson de ses escoliers et pensionnaires qui vouldront résider avec lui oudit colège pour leur érudition, norriture et gittes, somme raisonnable de pension annuelle selon la fertilité ou stérilité des années...

« Comme aussi luy sera payé annuellement par chacun de ses aultres escoliers... assavoir pour ceulx qu'il fournira de lict et potage huict frans monnoye et pour chacun des aultres six frans...

« Chacun des aultres escoliers urbiques payeront audit sieur Berson ou ses commis six blans monnoye par chacun mois...

« A quanteffois que l'on commencera lecture d'ung livre en chacune clace, sera payé audit sieur Berson par chacun de ses escoliers, assavoir par ceux de la première clace six blans, de la seconde quatre blans, de la tierce deux blans...

« Et quant à ceulx des aultres claces, ensemble des abécédaires et petitz enfans, ilz payeront aud. Sr. Berson pour leur entrée et bienvenue chacun deux blans seulement...

« Au reste aura ledict sieur et fera relever à son prouffit en la dite ville sur la moitié des mesnaiges d'icelle la queste de pain accoustumée... »

Cette convention fut signée le 14 octobre 1585 pour six ans et renouvelée pour le même laps de temps le 4 mai 1591 (1).

Le délai n'était pas encore expiré que déjà, le Magistrat de la ville, ensuite des propositions de M. Nicolas Demongenet, docteur ès droits, se prononçait sur l'opportunité de l'érection d'un collège dirigé par les PP. Jésuites (20 et 25 avril 1603), et faisait part (29 avril) au P. Provincial, à Pont-à-Mousson, de ce qui avait été décidé (2). Dans sa séance du 2 octobre 1606, la municipalité offrait la maison de l'ancien collège pour y installer quatre classes, plus 5,000 livres pour agrandir le

(1) Archives municipales, série GG.
(2) Archives départementales, D, 31.

bâtiment, 1,000 livres pour l'acquisition de meubles et une rente annuelle de 2,000 autres livres pour l'entretien du personnel enseignant. Mais les négociations durèrent plusieurs années. Jean Marquis, coéchevin, fut un jour chargé (25 juillet 1609) de partir à Besançon avec deux chevaux et de ramener à Vesoul le P. Provincial, « qu'il défrairoit par les chemins aux frais de la ville. » Une autre fois (27 juillet 1610). MM. Gousseret et Demongenet furent députés pour aller conférer avec les PP. du couvent de Montbozon. Enfin, à la réunion du Magistrat du 1er août 1610. MM. Terrier et Demongenet s'engagèrent à payer la rente stipulée, à condition qu'on leur abandonnerait pour 29 ans « le ject et surhaulcement du sel au pris de cinq sols par chasque solignon, ». — ce qui fut accepté (1). En même temps on ouvrait une souscription à laquelle les habitants étaient invités à contribuer : le lieutenant général, le procureur et l'avocat d'Amont, MM. Claude Terrier et Gaspard Demongenet s'inscrivirent en tête chacun pour 1,000 livres, le lieutenant local, MM. Jean Besancenot, Francois Maubouhans, Estienne et Nicolas Demongenet, George Aymonnet, Jean Lulier, Vinot Chapoutot chacun pour 500 livres, etc. (2). Le total s'éleva à la somme de 25,484 livres, 8 gros.

Le 5 août 1610, on signa un traité en bonne et due forme que le P. Général ratifia le 21 novembre 1614. Les bourgeois de Vesoul après y avoir fait observer que depuis longtemps ils désirent confier aux jésuites l'éducation de la jeunesse de leur ville, mais qu'ils en ont été empêchés jusqu'alors « par infinis accidents de guerre, de grêle et de procès » se déclarent prêts à « contribuer de leurs moyens, pour, à la gloire de Dieu et plus grande édification du peuple, accroître et augmenter le service divin qui s'est fait ci-devant en ladite ville et pourvoir à l'instruction de la jeunesse non seulement quant aux lettres mais principalement pour la piété et bonnes mœurs, sans lesquelles toutes sciences, pour grandes qu'elles soient, sont vaines. » Ils prometttent donc et garantissent :

1° Une somme annuelle de 800 livres pour parfaire la rente de 3,000, nécessaire à l'entretien de l'établissement. L'intérêt à 8 % des 27,500 l. promises par MM. Terrier et Demongenet et

(1) Archives départementales, D, 46.
(2)   Id.   D, 31.

couvertes par la souscription publique devait produire 2,200 autres livres.

2° Une somme de 17,000 livres et l'emplacement nécessaire pour la reconstruction du collège.

3° Mille écus pour « assortissement » de la bibliothèque et de la sacristie.

4° Le prix nécessaire à l'acquisition du mobilier.

Les jésuites de leur côté prennent les engagements suivants :

1° Faire quatre classes, savoir trois de grammaire et une d'humanités qui sera la première et dans laquelle on lira la rhétorique une partie de l'année.

2° Fournir le personnel en nombre suffisant pour l'accomplissement des exercices habituels des collèges de la Compagnie.

3° Employer fidèlement et en conscience l'argent destiné à la construction nouvelle.

4° N'accepter d'écolier pensionnaire qu'avec l'autorisation de la municipalité.

Il fut stipulé en outre que les jésuites seraient francs de toute imposition. Ce dispositif fut sanctionné par lettres patentes de leurs AA. SS. les souverains du comté de Bourgogne en date du 16 novembre 1610 (1).

Le collège ouvrit ses portes le 23 septembre suivant (2). Mais le besoin se fit aussitôt sentir d'un local plus spacieux et plus commode. Au mois de janvier 1616, l'architecte Etienne Mardellange, de Lyon, dressa les plans et devis de l'édifice qui devait être construit « hors la ville, proche et joignant à la tour des murailles de ladicte ville, laquelle tour se nomme communément *la tour des morts* et a son aspect à l'orient devers la ville et pour accès une belle et grande rue. » Le bâtiment formait quadrilatère autour d'une cour intérieure, limitée par l'église au nord (3).

Les ouvriers se mirent à l'œuvre sans retard. On fit beau et grand, de sorte que les ressources vinrent vite à manquer. Au premier rang de l'imprévu, figurait le mur de clôture, indispensable à un collège. Les PP. eurent recours à leur souve-

(1) Archives départementales, D, 01.
(2)   Id.
(3)   Id.   D, 31.

rain, Philippe IV, roi d'Espagne, qui en considération de ce que «les supplians pour être voisins et quasi sur les frontières des païs étrangers demeurent par ce moyen toujours exposés aux incursions des voleurs qui courent lorsqu'il y a du trouble ès provinces voisines, lesquels pourroient s'emparer de ladite maison, apporter de grandes fâcheries auxdits supplians et habitans,» leur fit don de 3,000 livres à prendre sur le produit des amendes adjugées à Vesoul (1).

La construction de la chapelle, elle aussi, avait du être provisoirement abandonnée. On ne la reprit qu'en 1628, en même temps qu'on ouvrit une souscription publique pour l'acquisition d'un timbre d'horloge. Outre toutes les variétés de monnaies alors en usage dans la province, tels que *livres*, *écus*, *pistoles*, *testons*, *francs*, *patagons*, *solz*, *ducatons*, *gros*, *choquins*, on voit figurer sur la liste des dons en nature, *deux pots de cuivre, une fillette de vin, une poile d'airein, un plat d'estein, un chauderon et un pot de fer, une pinte, huit quartes de froment, cent dix livres de métail de cloche, de la rosette*, etc. (2). Mais les habitants, fatigués de cette continuelle mise à contribution, obtinrent (10 août 1628) que le Magistrat interdît de plus faire aucune quête par la ville sous peine de 60 livres d'amende (3).

Les jésuites se tournèrent d'un autre côté et l'infante Isabelle-Claire-Eugénie leur fit don (23 juillet 1629) de 400 florins à prélever sur les revenus du prieuré de Voisey (4).

Ils jouirent aussi de l'exemption du logement des gens de guerre (1653) et Louis XIV leur maintint ce privilège (1674) (5).

Grâce aux influences dont ils disposaient au sein du Magistrat, ils obtinrent peu après les prieurés de Saint-Etienne de Port-sur-Saône et de Saint-Laurent de Fleurey-les-Faverney, avec leurs dépendances et leurs droits sans nombre. Ces importants bénéfices appartenaient en 1651 à Messire Bénigne de Thomassin, doyen de l'église collégiale Notre-Dame de Dôle, qui les résigna par le traité du 21 mai de cette année même, en retour d'une rente annuelle et viagère de 500 livres. Phi-

(1) Archives départementales. D, 45.
(2)   Id.   D, 31.
(3) Archives municipales, série GG.
(4) Archives municipales, série GG.
(5) Archives départementales, ᵗD, 33.

lippe IV, eu égard à « la bonne éducation et instruction des enfants, très nécessaire en icelle (ville), à cause des païs voisins infectés de l'hérésie » et en considération de « la promesse que fut nostre bon oncle l'archiducq Albert, dit-il, qui soit en gloire, leur auroit donné de conférer audict collège quelques bénéfices ecclésiastiques » autorisa l'union des prieurés au collège (7 novembre 1654). Des bulles du pape Alexandre VII, fulminées en 1658, la consacrèrent (1). Le Magistrat n'avait fait cette concession que pour être déchargé à perpétuité de la rente de 800 livres stipulée par le traité de 1610, mais les jésuites obtinrent encore qu'on leur maintînt 300 livres annuellement (2).

Outre leur magnifique établissement de Vesoul, outre les prieurés de Port-sur-Saône et de Fleurey-les-Faverney, ils possédaient à cette époque les seigneuries de Fleurey, Dampvalley, Bouligney, Augrogne, Confracourt et Le Magny-Robert, — des moulins avec la pêche à Port-sur-Saône et à Confracourt, — des maisons à Andelarrot, Confracourt, Echenoz, Fleurey, Port-sur-Saône et Ormenans, — des fours au Magny et à Confracourt, — des bois à Port-sur-Saône, Fleurey, Confracourt et Bouligney, — des terres et prés à Arbecey, Andelarrot, Aubertans, Bougnon, Bouligney, Chaux-les-Port, Confracourt, Echenoz, Montoille, Montferney, Le Magny-Robert, Presle, Port-sur-Saône, Ormenans, Sorans-les-Cordiers, Thieffrans, Vaivre, Vellefaux, Saint-Valère et Villeparois, — des vignes à Chariez, Echenoz, Gouhelans, Mailley, Montussaint, Loulans, Montbozon, Port-sur-Saône, Rougemont, Vaivre et Vesoul, — des dîmes, tailles, cens et droits divers à Bougnon, Combeaufontaine, Chaux-les-Port, Chemilly, Conflandey, Confracourt, Fleurey, Frotey, Grattery, Nervezain, Port-sur-Saône, Scye, Vauchoux et Villers-sur-Port (3).

« Les héritages qui sont chargés de cens, comme de poules, pains et deniers, lisons-nous en tête d'un *Manuel* de ce qui est dû aux PP. jésuites du collège de Vesoul, ne le sont aucunement de tailles. » Quant à la taille, elle est « uniforme sur chaque quarte de meix, terres, prés, vignes et chènevières, à

(1) Archives départementales, D, 33.
(2) Archives municipales, GG et Archives départementales, D, 46.
(3) Archives départementales, D, 31, 41, 42 et 45. — Archives municipales, GG.

raison de deux engrognes par chaque quarte composée de 24 coupes; l'on prend deux boissels de terre, deux ouvrées de vigne et un quart de faux de pré pour une quarte. Selon l'ancienne monnoie, on prend trois engrognes pour un blanc, le blanc pour cinq deniers anciens dont un vaut deux tiers du denier de France, quatre blancs pour un gros, douze gros pour un franc, un franc pour treize sols et quatre deniers de France; un blanc vaut trois deniers et tiers du royaume; trois blancs valent dix deniers; quatre blancs valent un sol, un denier et tiers; un niquet est la huitième partie d'un sol estevenans (1) ancienne monnoye (2). »

A côté de ces propriétés, les jésuites jouissaient d'un certain nombre de rentes dont les constitutions forment à elles seules deux liasses des archives départementales (3). Ces revenus étaient en grande partie le résultat de dons volontaires, car les jésuites n'étaient pas prêteurs, à en croire, du moins, ce véritable *Manuel du capitaliste* que l'un deux a crayonné en tête d'un rentaire du collège, et dont le premier, sans aucun doute, il eût déploré la stricte et entière application. Qu'on en juge plutôt par quelques extraits:

« 1° Il ne faut point prester aux personnes de qualité parce qu'il est difficile de s'en faire payer; à ceux qui n'ont point de fonds en terre ou autres immeubles parce qu'ils peuvent devenir insolvables; aux gens de condition mainmortable, parce que mourant sans enfants, le seigneur hérite de tout, sans être obligé de payer les dettes, à moins qu'elles n'aient été faites de son consentement, et par écrit; aux personnes qui sont chargées de dettes parce que rarement sçait-on toutes celles qu'elles ont; à ceux qui ne sont pas du bailliage parce que en cas de difficulté et de procès on est obligé d'aller plaider ailleurs et souvent à grands frais; aux communautés séculières parce que selon l'édit du Roy, elles ne peuvent payer les rentes qu'à 5 0/0, à moins que la rente ne se fasse au nom de deux ou trois principaux de la communauté............ -- 4°

(1) En monnaie de France le sol estevenans valait 9 deniers environ, — le sol ancien, 8 deniers, — l'engrogne, 1 denier 1/3, — le gros, 1 sol, 1 denier 1/3 (Archives départementales, D, 27).
(2) Archives départementales, D, 25 et 30.
(3) Archives départementales, D, 44 et 45. — Le fonds des jésuites comprend 34 liasses (D, 25-58).

Pour engager le débiteur à payer exactement à l'échéance du terme, il est bon de mettre la rente au plus haut feurg, par exemple à 7 0/0 avec cette condition que s'il paye exactement au terme ou pour le plus tard un mois après, il ne paiera que 6 0/0 ; ...... — 9° Quand quelqu'un apporte le paiement de la rente, il est à propos pour éviter toute équivoque de lui faire montrer sa dernière quittance, comme aussi de ne pas lui en donner de nouvelle que toute la rente n'y soit, surtout quand on a affaire à un échevin de communauté ; la raison est aisée à deviner. — 10° En faisant quittance, il ne suffit pas de dire qu'un tel a payé pour telle année, parce que l'année ayant une notable extension, et l'un pouvant la prendre par le commencement, l'autre par la fin, il y aurait différence d'un terme entier ; pour quoi éviter, il faut spécifier qu'il a payé ou qu'on a reçu le terme échu le jour de telle année.... — 13° Le tems le plus propre pour exiger les paiements est depuis la Saint-Martin jusqu'à Noël, soit parce qu'alors les débiteurs ont de quoi faire de l'argent par la vente de leurs denrées, soit parce que, passé ce tems-là, viennent les impositions royales qui absorbent tout....... — 14° Quand on emploie l'huissier, il faut prendre garde qu'il ne s'entende avec les débiteurs, en prenant d'eux de l'argent pour les épargner.... — 16° Tout compté et pesé, il vaut mieux mettre son argent en fonds de terre qu'en rentes constituées surtout pour une communauté d'hommes, à moins que ce ne soit sur spéciale hypothèque. »

Malgré tout, les revenus du collège ne semblent pas avoir beaucoup augmenté. On se l'explique aisément si l'on songe aux frais considérables que nécessita son installation.

Ainsi le fonds qui était de 45,009 l., 3 s., 4 d. en 1617, quatre ans après, en 1621, n'est encore que de 46.538 l., 18 s., 4 d. (1). Les revenus qui, en 1611, étaient de 2,700 l., ne sont que de 3,018 l., 9 s., 8 d. en 1615 et de 3,200 l. en 1635. (2)

La vaisselle d'argent par laquelle on jugeait autrefois de la richesse d'une maison ne se composait, en 1633, que de 31 pièces, savoir : 19 gobelets, 2 flacons, 5 plats et 5 aiguières. (3)

Les débuts de l'établissement furent donc pénibles. Au man-

---

(1) Archives départementales, D, 31.
(2)   Id.   D, 31 et 32.
(3)   .   Id.   D, 31.

que de ressources vinrent se joindre des calamités de toutes sortes. Nous en trouvons la trace dans l'état des comptes de ce temps-là : « Le 27 septembre 1639 se devoient rendre les comptes du collège depuis la dernière visite qui fut le 25 juillet de l'an 1635, mais tant à raison de la mort du P. Procureur qu'à cause des pestes qui ont esté pendant ce temps quatre fois au collège, aussi à cause des guerres *qui ont réduit le nombre des nostres*... — Le 21 septembre 1644 les comptes du collège ayant esté reveus depuis la dernière visite faicte le 27 de septembre de l'an 1639, il s'est trouvé qu'à raison des misères communes du païs, des pestes et guerres *qui avoient quasi fermé le collège*, l'on n'avoit marqué exactement... (1). » Nous savons en effet, que le 17 septembre 1635, la peste se déclara à Vesoul, et deux écoliers du collège furent les premières victimes du fléau (2).

L'enseignement, nous l'avons dit, se faisait dans quatre classes, dont trois de grammaire, une d'humanités et de rhétorique (3). Dès l'origine, le Magistrat chercha à donner de l'extension à ce programme et à augmenter le nombre des chaires. Il avait demandé, en 1618, qu'on professât les *cas de conscience*. Mais, après avoir consulté le Parlement de Dôle, qui ne manqua de combattre un projet de nature à porter atteinte à l'état florissant de l'Université de cette ville, son Altesse invita purement et simplement les jésuites à exécuter les clauses du traité de 1610 (3) *bis*.

La municipalité ne se tint pas pour battue.

D'abord, elle veilla soigneusement à ce que le collège eût toujours le nombre de religieux et de régents (4) qui avait été promis (1644).

Puis elle obtint en 1659, cinq classes, dont une spécialement réservée *aux lectures de réthorique* (5).

Enfin, par délibérations des 15 avril et 13 juillet 1688, elle

---

(1) Archives départementales, D, 32.

(2) *Essai sur la ville de Vesoul*, par M. Miroudot du Bourg, 1769, manuscrit de la mairie, p. 79.

(3) Cette dernière fut peut-être dédoublée en 1617. — Cf. l'inventaire des titres du collège des Archives municipales, GG.

(3 *bis*). Archives départementales, D, 31.

(4) Cf. sa requête au Parlement de Besançon, 2 nov. 1644. — Archives municipales, GG.

(5) Cf. le traité du 20 octobre 1659. — Archives départementales, D, 46.

décida de faire remettre à l'Intendant une lettre sollicitant la chaire de philosophie, et à son secrétaire un cadeau de 3 ou 4 pistoles pour l'intéresser à la réussite de l'affaire (1). Le 22 juillet 1695, autre envoi de 200 louis d'or à M. Tranchant, chargé de faire à Paris d'actives démarches (2). Le 18 août 1696, voyage à Dôle du premier échevin pour faire tomber l'opposition systématique de l'Université (3).

La ville était, paraît-il, bien décidée à épuiser tous les moyens. Un mémoire fut imprimé qu'on croirait presque écrit d'hier. Le lecteur, à ce titre, nous permettra d'en citer les passages saillants.

« Motifs du costé de la ville :

« 1° La ville de Vesoul n'est pas à la vérité des plus grandes, mais elle est fort peuplée et fort éloignée des grandes villes et environnée d'une infinité de bourgs et de villages qui y viennent fondre pour le commerce, pour la justice et pour l'étude. — 2° Sa situation est belle et commode, l'air y est bon et sain ; les vivres y sont pour l'ordinaire en abondance et à bon marché, le naturel des habitants est honnête et obligeant. — 3° Son bailliage est sans contredit le plus considérable de toute la province. Il est le chef de toutes les autres juridictions de la province. Ses officiers ont la préséance dans toutes les occurrences des autres bailliages du Compté. Aussi a-t-il de tout temps fourni un grand nombre de bons sujets au Parlement et plus qu'aucune autre ville du Compté. Il y a une centaine de familles d'avocats...

« Motifs du costé du collège :

« 1° Le bâtiment est sans difficulté un des plus beaux, des plus réguliers et des plus commodes de la province de Lion, situé au milieu de la ville d'un costé et de l'autre à la campagne, consistant dans un quarré fort propre, pouvant loger commodément 25 à 30 personnes dans le plus bel aspect et le meilleur air du païs... — 4° Le nombre des écoliers est pourtant assez considérable eu égard aux mauvais temps ; il y avoit l'année passée en rhétorique près de 40 écoliers, et il y en a encore plus cette année. — 5° L'érection d'un cours de philo-

(1) Archives municipales, GG.
(2)   Ibid.
(3)   . Ibid.

sophie sera d'un grand secours au collège pour le spirituel et pour le temporel... Il est à remarquer que ce collège est fort pauvre pour avoir perdu par le malheur des guerres et des maladies contagieuses la plus part des capitaux qui faisoient le principal de sa dotation... »

Sont-ce toutes ces bonnes raisons qui déterminèrent l'Ordre? Il est permis de le croire, car, par traité du 3 novembre 1700, les jésuites s'engagèrent, moyennant une rétribution annuelle de 400 livres, à entretenir le régent de philosophie que le Magistrat considérait comme nécessaire « pour l'instruction de la jeunesse et pour la rendre tant plus capable de remplir les emplois de justice qui sont en grand nombre dans la ville... (1)»

Et finalement, comme « le nombre des écoliers diminuoit considérablement parce qu'il n'y avoit qu'un régent de philosophie, ce qui réduisoit la plus part des écoliers, particulièrement ceux de rhétorique à redoubler à grands frais leurs classes ou à quitter pour aller étudier ailleurs, (2) » un second professeur de philosophie fut fourni pour 250 livres par an (23 juillet 1733.)

L'instruction qui se donnait au collège, conformément au plan d'études dressé sous la direction d'Aquaviva, correspondait à notre enseignement secondaire classique réduit à six années. Les quatre années de grammaire étaient les plus justement appréciées ; la rhétorique devait former à la déclamation et à l'argutie plus qu'au raisonnement et à la logique ; la philosophie se réduisait à des notions métaphysico-théologiques empreintes du plus pur esprit scolastique. Les fêtes littéraires et dramatiques étaient en honneur, comme elles le sont aujourd'hui encore dans les maisons des jésuites, car le Magistrat décida le 5 juin 1689, que la ville ayant créé l'établissement, il y occuperait « les premières places dans les *réjouissances* et les *réunions*. » (3)

Cette fondation, la municipalité tint à honneur d'en revendiquer le mérite. Aussi quand elle apprit, en 1726, que l'inscription qui en consacrait le souvenir, avait subi des détériorations,

(1) Archives municipales, GG.
(2) Archives départementales, D, 46.
(3) Archives municipales, série BB.

s'empressa-t-elle d'en faire rétablir le texte exact, comme
suit (1) :

Æternæ memoriæ
Anno salutis CIↃDCXIV
Monumentum hoc suæ in Deum
pietatis et eximium singularis
in societatem Jesu amoris pignus
civitas Vesulana ponit et consecrat
ita illi Deus hospitator propitius
ita civibus æternum grata et
addicta Jesu societas ut suum
cœlo nomen alte condere gestiunt
dum minori solo molem hanc
lubentibus animis animum
dant commendant et ædificant

Une autre délibération, prise en 1748, établit que l'on pla-
cerait au dessus de la grande porte d'entrée une plaque de
bronze aux armes de la ville et portant ces mots : (2)

Religioni et bonis artibus
liberalitate et sumptibus
vrbis Vesulanæ

Quant à l'enseignement primaire, il avait été exclusivement
réservé aux écoles, lors de la création du collège. Nous voyons
en effet le Magistrat traiter, en 1616, avec Jean Félix, de Sa-
lins et en 1617 avec Remy Thévenin, de Montbozon, « pour enseigner les enffans de la ville à lire et à escripre avec les règles
de Despautere et le cathéquisme. » Il fut stipulé en même
temps que les soins matériels à donner à l'église, l'entretien
des bénitiers et du pavé, leur seraient dévolus. (3)

L'administration du collège était confiée à deux Pères, dont
l'un, le recteur, avait la direction des études, et l'autre, le
procureur, la gestion des biens de l'établissement. Nous avons
pu reconstituer la liste des recteurs qui se succédèrent pendant
le cours du XVIIᵉ siècle. La voici : Jacques-Philibert Bonivard
(1610). Claude Pacotet (1612). Pierre Ubelot (1617), Marc Néla-
ton (1621), Denis Barrey (1626), George-Etienne Rousselet (1632),
Claude-Antoine de la Clef (1639), Anatole Lisola (1644), Jean-
George Demongenet (1645), Antoine Pauteleret (1649), Jean

(1) Archives municipales, BB, délibération du 24 décembre.
(2) Archives municipales, BB, délibération du 10 mai.
(3)   Id.   GG.

Ardier (1652), Jean-Baptiste Dard (1654), Etienne Guillaume (1660), Antoine Froissard (1663), Nicolas Guelle (1666), Odo Demongenet (1670), Jean-Baptiste Garnier (1672), Joseph de Saint-Etienne (1676), Philippe de Langeron (1679), Pontus Petit (1682), Antoine Jouve (1684), Aymon (1688), Borthon (1691), Blaise Silvestre (1695), Balthazard Riondet (1698) et Joseph de Galliffet (1701). (1)

On sait que l'ordre des jésuites, en s'installant en France, visait surtout l'Université (2), dont il ne trouvait pas l'enseignement suffisamment chrétien. La Sorbonne s'unit vainement à la magistrature et au clergé pour faire échec à l'institution nouvelle. Vainement aussi, deux siècles durant, représenta-t-elle la Société comme régie par des *constitutions contraires aux libertés do l'église gallicane*. Ce n'est qu'en 1762 (6 août) que le Parlement de Paris la condamna comme *enseignant une doctrine dangereuse, meurtrière et abominable*.

Aux premières menaces de dissolution, le Magistrat de Vesoul, se prévalant de ce que « l'état des Révérends Pères jésuites étoit aujourd'huy chancelant et contesté et même déjà annéanti dans les ressorts d'une grande partie des parlements du royaume » obtint, à la requête du syndic de la ville, que leurs effets, meubles et titres, seraient saisis (30 octobre 1762) et ce pour garantie de 45,000 francs comtois qui avaient été avancés au collège par ladite ville (3).

Enfin un édit royal du mois de novembre 1764, enregistré au Parlement de Paris le 1er décembre suivant, ordonna l'exclusion irrévocable des jésuites de France. Un arrêt du Parlement de Besançon du 29 janvier 1765 les maintint jusqu'au 1er avril dans les établissements de son ressort (4).

Les villes intéressées avaient été invitées en même temps à adresser au procureur général du Roi des mémoires contenant ce qu'elles estimeraient de plus convenable pour l'établissement de nouveaux collèges. Conformément à l'avis général, on confia la direction de chacun d'eux à un ecclésiastique qui prit le titre de *principal*, et auquel on adjoignit *un bureau d'administra-*

(1) Archives départementales, D, 32.
(2) Cf. les lettres patentes de janvier 1550 (1551 n. st.) confirmatives de la bulle qui permettait à l'Ordre de *bâtir un collège à Paris.*
(3) Archives départementales, D, 58.
(4) Archives municipales, GG.

tion présidé par l'archevêque. Le principal comme les *régents* furent dès lors nommés par les membres de l'Université de Besançon.

Les jésuites avaient enseigné à Vesoul pendant cent cinquante-cinq ans. Ils laissaient le *collège dans une situation peu pros-père*, à en juger par cette délibération au cours de laquelle le Magistrat exprime ses craintes de le voir supprimer et décide qu'on suppliera le cardinal de Choiseul de « continuer audit collège l'honneur de sa protection pour l'obtention de l'union perpétuelle des bénéfices après l'extinction des pensions qui en absorbent aujourd'hui les revenus (8 novembre 1765). »

Ce dernier vœu ne fut pas réalisé, et la ville dut remplacer le capital perdu par une rente annuelle de 870 livres. Le total des *revenus patrimoniaux* était à cette époque, d'après l'état dressé par les nouveaux administrateurs de 3,817 livres, 10 sols. Les charges s'élevaient à 4,800 livres dont 1,900 pour tous honoraires du principal, des professeurs de rhétorique et de philosophie et des deux régents chargés des 2e, 3e, 4e et 5e classes, — somme bien modique « de laquelle Mgr le cardinal a bien voulu par aport à la modicité des revenus du collège enga-ger ces messieurs à se contenter (1). »

Après avoir eu trois principaux, MM. Pavoy (1765), Vuille-mot (1775) et Parisey (1783), sous la direction desquels il attei-gnit la fin du XVIIIe siècle, le *collège* perdit son nom (1796) et se transforma en une de ces *écoles centrales* dont la création dans chaque département avait été réglée par un décret du 25 octobre 1795. Ce fut aussi pour lui le point de départ d'une réorganisation complète. En 1802, il reçut le titre d'*école secon-daire*, redevint *collège* en 1810 et finalement fut érigé en *lycée* par décret du 3 septembre 1859.

L. LEX.

(1) Archives départementales, D, 81.

www.ingramcontent.com/pod-product-compliance
Lightning Source LLC
Chambersburg PA
CBHW061806040426

42447CB00011B/2499